Ludwig Heinrich Euler

Rechtsgeschichte der Stadt Frankfurt am Main

Ein Skizze

Ludwig Heinrich Euler

Rechtsgeschichte der Stadt Frankfurt am Main
Ein Skizze

ISBN/EAN: 9783743665187

Hergestellt in Europa, USA, Kanada, Australien, Japan

Cover: Foto ©Suzi / pixelio.de

Weitere Bücher finden Sie auf **www.hansebooks.com**

Rechts-Geschichte

der

Stadt Frankfurt am Main.

Eine Skizze

von Justizrath Dr. Euler.

Frankfurt am Main.

Druck von Klimsch & Comp.

1872.

Aus der Feſtſchrift für den zehnten Juriſtentag beſonders abgedruckt.

Rechts-Geschichte
der Stadt Frankfurt am Main.

Eine Skizze

von Justizrath Dr. Euler.

I. Periode bis zum Jahre 1495.

Während die meisten der Dörfer, welche in der Umgegend Frankfurts auf der schon von den Römern bebauten Hochebene zwischen dem Maine und dem Gebirge liegen, urkundlich — in den Lorscher Traditionen — bereits früher vorkommen, wird Frankfurt selbst zum ersten Male 793 erwähnt, da Eginhard berichtet, König Karl sei, nachdem er das Weihnachtsfest zu Würzburg gefeiert habe, in die Villa Franconofurd gereist, um daselbst den Winter zuzubringen.[1]

Frankfurt lag im Niedgau innerhalb des Bezirks des großen sich über mehrere Gaue ausbreitenden, unter dem Namen der Dreieich bekannten Waldes[2] und auf

---

[1] Fichard Entstehung der Reichsstadt Frankfurt. Fr. 1819 S. 6. Thomas Frankf. Annalen im Archiv für Frankf. Geschichte und Kunst, Heft 2 (1839) S. 8. — Kriegk Gesch. von Frankfurt am Main (1871) S. 21. Battonn, örtliche Beschreibung der Stadt Frankf. Herausg. von mir. I. (1861)

[2] Von den 36 Wildhuben, welche noch das Weisthum der Dreieich vom Jahre 1338 erwähnt, lag die eine zu Frankfurt (Grimm Weisth. I. 503) oder vielmehr zu Sachsenhausen, ohne daß Näheres über dieselbe bekannt wäre. Scharff Recht in der Dreieich (1868) S. 54. Eine andere Wildhube lag zu Riedern, den jetzigen Niederhöfen bei Frankfurt, und als 1193 Kaiser Heinrich VI. seinen Hof Riedern dem damaligen Frankf. Schultheißen Wolfram schenkte, nahm er diese Wildhube — unum mansum forestem — ausdrücklich von der Schenkung aus. Böhmer Cod. dipl. Fr. 19.

1*

des Reichs Boden: es erscheint daher auch von Anfang an als königliches Besitzthum: Kaiser Ludwig der Fromme heißt es 823 sein Kammergut, 882 wird es villa indominicata und curtis imperialis genannt.[3]

Ohne Zweifel ist Frankfurt nicht erst kurze Zeit vor seiner ersten Erwähnung 793 entstanden: es wird schon 794 ein locus celeber genannt, es befindet sich daselbst ein königlicher Palast (palatium) und es bietet Raum für eine große Reichs= und Kirchenversammlung. Die günstige Lage des Orts, deren Bedeutung in militärischer und commerzieller Hinsicht schon früh erkannt worden sein mußte, hat dann auch das rasche Aufblühen desselben veranlaßt. Im Todesjahre Königs Ludwig des Deutschen (876) wird Frankfurt als principalis sedes orientalis regni bezeichnet, 994 wird es von König Otto castellum genannt und erscheint also als ein befestigter Ort, 1180 wird es in einer Urkunde Kaiser Friedrichs unter den Städten des Reichs, civitates imperio pertinentes, aufgeführt.[4] Schon frühe wurde sie die Wahlstadt des Reichs: 1147 fand die erste Königswahl in ihr statt, 1152 wurde Friedrich I. hier gewählt und 1356 bestimmte die s. g. Goldene Bulle es als ein Grundgesetz des Reichs, daß die Wahl hier geschehen müsse.[5]

Wie Frankfurt aus der Verfassung einer königlichen Villa und Pfalz zur städtischen Verfassung über-

[3] ex fisco nostro Franc. Böhmer C. d. 2. Ibid. 7.
[4] Kriegl, Gesch. S. 29. Böhmer C. d. 12. 17.
[5] Kriegl, Gesch. S. 2. 136.

ging, ist nicht näher bekannt, im Jahr 1193 wird zum erstenmale der Schultheiß daselbst erwähnt und 1219 erscheint das städtische Gemeinwesen völlig ausgebildet: aus diesem Jahre hat sich die erste Urkunde erhalten, in der des Stadtsiegels Erwähnung geschieht: die Gemeinde als solche hat Eigenthum und ein Gemeinde-Haus.[6])

An der Spitze der Stadt steht der Schultheiß, der auch unter dem Namen villicus abwechselnd in den Urkunden vorkommt. Wie der Hofmaier zur Zeit, da Frankfurt nur ein königlicher Maierhof war, als der oberste Hofbeamte die sämmtlichen Interessen des Hofherrn vertrat, so ist der Schultheiß der oberste Herrschaftsbeamte in der neuen Stadt und der Stellvertreter des Königs als des Stadtherrn. Denn der König ist der dominus civitatis ebenso, wie der Territorialherr als der Herr der auf seinem Grund und Boden entstandenen Städte erscheint. Die Bezeichnung villicus könnte zu der Annahme führen, daß hier das Amt des Schultheißen hofrechtlichen Ursprungs sei, aber der Schultheiß war in der alten Zeit stets ein öffentlicher Beamte und es spricht viel dafür, daß er erst zur Zeit, da die Villa zur Stadt geworden, in diese eingetreten sei, dann aber auch die Geschäfte des alten Villicus mit übernommen habe und aus diesem Grunde zuweilen noch mit dessen Namen bezeichnet werde. In der Hand des Schultheißen sind daher die Rechte der öffentlichen

---

[6]) Böhmer C. d. 25. Domus communitatis 1264. Ib. 133

Gewalt vereinigt: er ist der oberste Regierungs=, Militär=,
Steuer= und Gerichtsbeamte des Königs, der ihn be=
liebig anstellt und entläßt: das Amt ist hier weder
lehnbar noch erblich geworden.[7]) Genommen wurde
er aus der Zahl der Pfalzministerialen, d. h. der zur
königlichen Pfalz gehörigen oberen Diener; diese waren
ursprünglich unfreien Standes oder hatten, wenn frei=
geboren, mit dem Eintritt in den königlichen Dienst
einen Theil ihrer Freiheit aufgegeben, sie hatten ihren
gewöhnlichen Sitz auf den Herrenhöfen der in der Um=
gegend gelegenen Ortschaften, obwohl sie auch zum
Theil im Besitz von Häusern in der Stadt selbst waren,
und sie fanden sich in der Pfalz ein, wenn die An=
wesenheit des Königs oder das Interesse des königlichen
Dienstes ihre Gegenwart erheischte: sie gehörten zu den
rittermäßigen Leuten, erlangten die Ritterwürde, so daß
sie später anstatt ministeriales gewöhnlich milites ge=
nannt wurden, und erscheinen als die Stammväter des
späteren Land=Adels der Gegend.

Neben dem Schultheiß wird der Vogt, advocatus,
als zweiter königlicher Beamter genannt: er kommt von
1194 bis 1219 in den Urkunden vor: bald darauf,
wahrscheinlich auf dem Reichstage von 1220, hob Kaiser

---

[7]) Vgl. Fichard Entst. S. 20. Nitzsch Ministerialität und
Bürgerthum, 1859, S. 196. A. Heusler Verfassungs=Gesch.
der Stadt Basel. 1860. S. 55. und jetzt besonders die Erörterungen
von A. Heusler in seinem Buche über den Ursprung der deutschen
Stadtverfassung, Weimar 1872. Das Verzeichniß der Schult=
heißen s. in Kriegk, deutsches Bürgerthum S. 508.

Friedrich das Amt auf und überwies dessen Einkünfte
dem Schultheißen. Es ist dies aus dem Privileg zu
entnehmen, welches König Richard 1257 der Stadt er=
theilte und in welchem er sagt: quod quem admodum
ibi advocacia per Fridericum olim imperatorem de
consensu principum deposita fuit, permaneat ut
nunc est, fructibus advocacie ipsius scultetatus
officio deputandis. Welchen Wirkungskreis der Vogt
hatte, ob er aus der Zeit der Villicalverfassung stammte,
ob er insbesondere die Gerichtsbarkeit über die hörigen
Einwohner hatte und ob dann bei dem allmähligen Ver=
schwinden einer hörigen Einwohnerschaft sein Amt über=
flüssig erschien, läßt sich nicht sagen[8]).

Weitere königliche Beamte waren der telonearius,

---

[8]) Vgl. meinen Aufsatz: „der Vogt in Frankfurt" in dem
Archiv für Fr. Gesch. und Kunst, Heft 8 (1858) S. 162. Dieser
Aufsatz war bestimmt, die von Dr. Römer=Büchner, Ent=
wicklung der Stadtverfassung der Stadt Frankfurt (1855, S. 4)
aufgestellte Ansicht zu widerlegen, daß der Vogt zu Frankf. kein
königlicher Beamte, sondern ein Kirchenvogt gewesen sei. Da=
gegen antwortete Römer=Büchner in einem besondern Schrift=
chen „die Vogtei=Gerichte" Frankf. 1859, über welches ich mich
in den Mittheilungen des Vereins für Gesch. u. Alterthumskunde
zu Frankf. Band I. S. 277 erklärte. — Daß der Vogt aus dem
actor dominicus hervorgegangen, den die Urkunde Ludwigs
von 823, (Cod. 2) erwähnt, wie man früher annahm, ist nicht
der Fall, denn der actor war der über einen großen Bezirk ge=
setzte Verwalter der königl. Domänen. Vgl. Sohm, Fränkische
Reichs= und Gerichts=Verfassung, 1871. S. 13.

da hier eine bedeutende königliche Zollstätte war,[9]) der monetarius, da hier auch eine königliche Münze be= stand[10]), der forestarius oder Wiltforstere u. f. w.

Als Bewohner Frankfurts erscheinen in dieser Zeit die Milites oder ritterlichen Geschlechter, noch 1272 als Ministeriales imperii bezeichnet, die Burgenses und die Handwerker oder sonstigen Kleinbürger[11]). Die Ritter, obwohl dem Stande nach von den Burgenses nicht ver= schieden, da sie mit diesen in einem Gerichte sitzen, bilden die vornehmste Einwohnerklasse, mit dem Verfall der königlichen Pfalz aber und dem Erstarken des eigentlichen Bürgerthums verschwinden sie allmählig aus der Stadt: im Jahre 1276 übergeben sie das Gan= erbenhaus Rödelheim dem König Rudolf zu einer Reichsburg und lösen damit die bisherige Verbindung mit der Pfalz zu Frankfurt. Nur die einzige in Frank= furt reich begüterte Familie der Herren von (Praunheim=) Sachsenhausen ist bis zu ihrem Erlöschen in' der Stadt geblieben.[12]) Die Burgenses sind die in der Stadt und

---

[9]) Erwähnt z. B. 1074 und 1157 „tercium theloneum est apud Frankenford quod est imperiale." Böhmer C. d. 13. 15.

[10]) Zuerst 1219 erwähnt. Vgl. meinen Aufsatz über die Reichsmünze zu Frankf. im Archiv. Heft 4, (1847) S. 1 flg.

[11]) Fichard Entst. S. 29. Vgl. meinen dritten Beitrag zur Verfassungsgeschichte der deutschen Städte, im Archiv, Neue Folge, Bd. 2 S. 361—372. Heusler Ursprung, S. 87—152. Kriegk Gesch. S. 41. 103.

[12]) Vgl. meine Beiträge zur Geschichte von Rödelheim 1859, S. 11. und meine Geschichte der Herren von Sachsenhausen und Praunheim, im Archiv, Heft 6, S. 38.

deren Gemarkung reich begüterten Großbürger, welche von ihrem Grundbesitze und der Kaufmannschaft leben, und die eigentliche städtische Gemeinde bilden; wie aber ihre Herkunft und Stellung herzuleiten und aufzufassen sei, ist eine unter den Rechtshistorikern noch streitige Frage. Zum Theil mögen sie der alten hofrechtlichen Bevölkerung entsprungen sein und zu den s. g. Königsleuten oder Censualen gehört haben, zumeist aber waren es Leute gemeinfreier Herkunft, welche sich des städtischen Verkehrs und Handels wegen hier niederließen, Grundeigenthum gegen Zins von dem Stadtherrn empfingen und sich damit seiner Dienst= und Gerichtsherrschaft unterwarfen. Die Handwerker, Gärtner und sonstigen Arbeiter endlich sind die alten Hof=Hörigen, die in den hofrechtlichen Innungen und unter den hofrechtlichen Lasten blieben, bis die Aufhebung der Hörigkeit und dieser Lasten sie aus ihrer abhängigen Stellung befreite und sie zu wirklicher Theilnahme an den städtischen Angelegenheiten befähigte. Dazu kam, daß sich allmählig zwischen sie und die Burgenses durch das häufige Einwandern von kleineren Kaufleuten und Gewerbetreibenden noch eine weitere Classe von Bürgern einschob, gegen die sich der Stand der Burgenses ebenfalls abschloß. In dem späteren Mittelalter zerfiel dann die Bürgerschaft in zwei Classen, die Gemeinde und die Handwerker, ohne daß, wie namentlich das Bürgerverzeichniß von 1387 zeigt, damit gesagt war, daß nicht auch Handwerker zur Gemeinde gehören konnten.[13]) Daneben aber bildete sich

---

[13]) Kriegk, Frankf. Bürgerzwiste und Zustände im M. A. 1862. S. 354.

das städtische Patriciat oder der Geschlechter-Adel aus, der in einer durch auffallendes Aussterben der Familien sich immer vermindernden Anzahl, der gesammten übrigen Bürgerschaft entgegen stand.

Als weitere Bewohner der Stadt in gesonderter Stellung sind noch die Geistlichen und die Juden zu erwähnen. In Frankfurt, zur Erzdiöcese Mainz gehörig, war aus der königlichen Salvators-Kapelle ein Collegiatstift mit zwölf Clerikern entstanden, welches König Ludwig 880 bestätigte und später Bartholomäus-Stift genannt wurde. Es war dies die einzige Pfarr-kirche der Stadt. Später kamen noch zwei Collegiat-stifter dazu und frühzeitig wurden auch Klöster der Dominikaner, Karmeliter u. s. w. gegründet.[14]) Die Juden bildeten eine eigene Gemeinde, sie besaßen Grund-eigenthum, wohnten vermischt unter den andern Ein-wohnern, in der Nähe der Pfarrkirche, und wurden als Bürger bezeichnet: erst in späterer Zeit wurde ihre Lage eine gedrückte.[14])

Was das Gerichtswesen anlangt, so wird zum erstenmale in einer Urkunde von 1194 das kaiserliche Gericht zu Frankfurt erwähnt, da Hechezin, der Abt des St. Jacobiklosters zu Mainz, einen Rechtsstreit mit zwei zu den Reichs-Ministerialen gehörenden Herren von Breungesheim vor demselben durch Vergleich er-

---

[14]) Archiv N. F. II. 371. Ueber die spätere Zeit s. Kriegk, Bürgerzwiste S. 104, der Kampf mit dem Klerus.

[14]) Vgl. Gesch. und Lage der Juden im M. A. von Kriegk, in dessen Frankf. Bürgerzwiste, S. 405.

lebigte. Die Urkunde sagt: es sei bies geschehen in judicio domini imperatoris, Wolframo sculteto et reliquis judicibus presentibus: als Zeugen des Hergangs werben nach dem Schultheißen der Vogt und eine Anzahl von Reichsministerialen angeführt, die ohne Zweifel die reliqui judices sind (Böhmer C. 19). Dann kommen 1219 neben dem Schultheiß auch die Scabini (Schöffen) vor und diese gehören dem Stanbe ber Burgenses an (Cod. 27. 34). Eine Urkunde von 1230 (ib. 55) führt im Gegensatze der Milites zwölf Burgenses auf, mit dem Zusatze: tunc temporis scabini. So erscheint in vielen Urkunden das Gericht, das unter dem Vorsitze des Schultheißen in des Kaisers Namen bas Recht sprach, mit Ministerialen und Schöffen besetzt, später mit Schöffen allein, und so war es nicht nur das eigentliche Stadtgericht, vor dem die Bürger ihren alleinigen Gerichtsstand hatten, sondern als ein kaiserliches und Reichs-Gericht war es auch befugt, im weiteren Umkreise Recht zu sprechen: es war der Oberhof, dessen Rechtbelehrungen von allen ben Orten, die mit Frankfurter Recht bewidmet waren, gesucht wurden. Die Reichsministerialen waren in dem Gerichte wohl anwesend, so oft sie wollten ober von dem Schultheißen berufen wurden: ob der Kaiser ober der Schultheiß die Schöffen aus der Zahl der Burgensen ernannte, ist nirgends gesagt, später ist es ein lebenslängliches Amt und die Schöffen ergänzen sich durch Cooptation. Die Zahl der Schöffen, die bei den Gerichten von K. Karl 803 auf sieben, von K. Ludwig 819 auf zwölf festgefetzt war, scheint in Frankfurt die letztere Zahl be= tragen zu haben, später aber war sie auf vierzehn fest= gesetzt.[15]) Wo dieses Reichs=Gericht seinen Sitz hatte, ist nicht gesagt, wahrscheinlich in dem kaiserlichen Palast selbst, aber es konnte auch an andern Orten zusammen= treten und es geschah dies, namentlich ante gradus ecclesiae, vor der rothen Thüre.[16]) Zu einem jeden Gerichte endlich gehören Gerichtsboten, precones, und Urtheilsvollzieher: sie heißen hier auch judices, Richter, an ihrer Spitze stand der Oberstrichter, und sie hatten in geringen Dingen von Gerichtswegen Macht zu richten.[17])

In der älteren Gerichtsverfassung stand dem Ge= richt, welches der Graf oder in den Immunitäten der an seine Stelle getretene Vogt als echtes oder unge= botenes Ding dreimal im Jahre abhielt (tria legitima placita), das Schöffengericht unter dem Schultheißen als gebotenes Gericht gegenüber. Im ersten wurden

---

[15]) Fichard. S. 36. Thomas, der Oberhof zu Frankfurt am Main, herausgegeben von mir, Fr. 1841. S. 69.

[16]) Vgl. Böhmer, die rothe Thüre zu Frankfurt am Main, im Archiv, Heft 3, S. 114.

[17]) Thomas, Oberhof, S. 281. Das Verzeichniß der Oberst= richter, welchen auch manche ansehnlichere Geschäfte oblagen, siehe im Archiv, neue Folge IV. 233. Zuerst erwähnt wird 1263 Rudegerus preco, dann Conradus de Gladio, judex. Böhmer, C. d. 130. 141.

die Bannfälle und was Erb und Eigen anging, ver=
handelt. Daß ein solches Gericht in Frankfurt be=
stand, beziehungsweise ob in Frankfurt eine Malstatt
des Grafengerichts für den Niedgau war, läßt sich
urkundlich nicht nachweisen; in so weit es der Fall,
ist es gewiß in dem Schöffengericht untergegangen.
Eine Hinweisung darauf ist vorhanden. In einer dem
Jahre 1219 zugeschriebenen Urkunde bestätigen nemlich
Scultetus scabini universique cives in Francenfort,
daß die Eberbacher Mönche eine Hofstätte, welche
Berthold von Breungesheim und dessen Ehefrau über=
gaben, in generali placito nostre civitatis in Be=
sitz genommen haben (Böhmer c. 26). Ebenso be=
urkunden Schultheiß, Schöffen und gesammte Bürger
in Frankfurt 1238, daß Ulrich Longus Güter in
Seckbach und die Wittwe Lugardis ihr Haus in
Frankfurt dem Kloster Haina geschenkt habe; die Ur=
kunde schließt: acta sunt hec coram nobis Frankenford in mallo quod a vulgo buweding vocatur,
supra dicta bona sub bannum et protectionem
domini imperatoris comprehendendo (Ib. 66). In
beiden Urkunden kommt offenbar dasselbe Gericht vor:
es ist in seiner Zusammensetzung von dem Schöffen=
gericht nicht verschieden, denn auch in diesem war die
Anwesenheit anderer nicht zu den Schöffen gehöriger
Bürger, des s. g. Umstandes, nicht ausgeschlossen, aber
die Verhandlung betrifft Grundeigenthumsverhältnisse,
die sonsten vor das echte Ding gehörten, und deswegen
wird das Gericht hier generale (=legitimum) placitum,

ober vom Volke buweding genannt.[18]) Auch an andern Orten werden solche Bubinge, zur Verhandlung von Grundbesitzstreitigkeiten, (wie das judicium de hereditatibus in Cöln) erwähnt, die als besondere Gerichte sich von dem echten Ding abgezweigt haben und an den Rath gelangten. In so fern nun der Rath später die Criminalfälle entschied und die Auf= gabe der Liegenschaften vor ihm geschah, könnte man wohl in ihm die Fortsetzung des echten Dings erblicken.[19])

Neben dem Reichs=Gerichte bestand noch das Send= gericht, synodus sancta per prepositum ecclesiae francofurtensis aut suum officialem in ecclesia St. Bartholomaei celebrata, in welchem die s. g. Sendfälle gerügt und bestraft wurden,[20]) und das Ge=

---

[18]) Dies Buwebing hat den Forschern viel zu schaffen gemacht. Vgl Fichard Entst. 137. Thomas im Archiv Heft 2. S. 99. Nitzsch, Ministerialität S. 120, 197. Archiv N. F. I. 105. II. 392. Heusler, Ursprung S. 135, 139, 199. Heusler, Verf. Gesch. 56. Ueber die Bedeutung von mallus vgl. Sohm, Reichsverf. S. 387. Vgl. auch die Url. von 1222 (Böhmer 35), nach welcher eine streitige area von Schultheiß, Schöffen et universis civibus dem einen Theile abjudizirt wurde.

[19]) Arnold Verfassungsgesch. der deutschen Freistädte I. 280—305. Heusler Ursp. S. 182.

[20]) Der Probst des St. Barthol. Stifts war nemlich der Sendrichter in Frankfurt und ließ die Sende durch seinen Offizial abhalten, während die Umgegend unter dem Archidiaconat des Collegiatstiftes St. Petri extra muros Mogunt stand. In Würdtwein diöcesis Mog. II. 26 ist die Beschreibung des Send= Umgangs b. Probstes von St. Peter und II. 475 das Verzeichniß der Sendfälle in der Stadt abgedruckt. Vgl. Thomas Oberhof S. 205·

richt im Fronhofe. Dieses wird in einer Urkunde von 1242 erwähnt, laut derer eine Frau, coram judice et scabinis in Fronehove constituta, verschiedene Güter dem Kloster Arnsburg geschenkt hat. Es war dies aber kein öffentliches Gericht, sondern ein höfisches Gericht der Frankfurter Probstei über deren Güter und Leute.[21]

Dem Schultheißen war neben seiner öffentlichen Amtsthätigkeit auch die Verwaltung des städtischen Gemeindewesens übertragen, die Bürgerschaft der neu entstandenen Stadt hatte zur Besorgung ihrer Gemeinde-Angelegenheiten noch keine besonderen Beamte; es waren diese Angelegenheiten noch nicht getrennt von denen der Stadtherrschaft. Die Ministerialen, so lange sie überhaupt noch im städtischen Verbande waren, und die Schöffen bildeten auch für diese Geschäfte den Beirath des Schultheißen. Allmählig aber traten bei dem Wachsthum der Stadt und der zunehmenden Bedeutung der Gemeinde in diesen Beirath noch andere Glieder derselben ein, die ebenfalls zu den Burgenses oder schöffenbaren Leuten gehörten und als consules 1266 zuerst urkundlich erscheinen. (Scultetus, scabini, consules totumque commune lautet der Eingang der Urkunde, Böhmer c. 139.) So entstand nach dem Vorgang der großen bischöflichen Städte das Consilium, der Rath. Derselbe konnte sich indessen nicht begnügen, blos eine communale Behörde zu bleiben: die Interessen

[21] Vgl. Thomas Oberhof S. 204 und Mittheil. des Vereins I. 289, woselbst ich das Weisthum des Fronhofs habe abdrucken lassen, wiederholt in Grimm Weisth. B. 6, S. 750.

der Gemeine waren nicht mehr die gleichen mit denen
der Herrschaft und die Bestrebnngen der Stadt mußten
darauf gerichtet sein, zu eigener Ausübung der öffent=
lichen Gewalt zu gelangen. Es geschah dies auf fried=
lichem Wege: nur selten gerieth die Stadt mit ihrem
Herrn, dem König, in Streit;[22]) was die bischöflichen
Städte erst erkämpfen mußten, die directe Zugehörigkeit
zum Reiche, war ja von vorne herein vorhanden und
die Rechte, die dem König als Inhaber der obersten
Reichsgewalt zustanden, wurden ihm nicht bestritten.
Die große Anzahl der Privilegien, welche die Stadt
von den Kaisern und Königen erhielt, zeigt deutlich,
auf welchem Wege sie in den Besitz von Hoheitsrechten,
Einkünften und wichtigen Gerechtsamen gelangte. Seit
1266 bestand die Stadtbehörde unter dem Vorsitze des
Schultheißen aus zwei Collegien, den Schöffen und den
Consules oder Rathmannen: dieser Stadtrath besorgte nun=
mehr die Regierung und die Verwaltung der Stadt, während
die Schöffen unter dem Schultheißen ohne die Consuln
das Gericht besorgten und im Namen des Kaisers das
Recht sprachen. Seit Anfang des ·14. Jahrhunderts
erscheinen dann die Bürgermeister als Häupter der
Stadtregierung,[23]) sie wurden in dem Gnadenbriefe

---

[22]) Ueber die Empörung der Stadt gegen Kaiser Rudolf,
welche dieser 1276 verzieh, ist Näheres nicht bekannt. Böhmer
c. 179. Kriegl, Bürgerzwiste 5.

[23]) Vgl. das Verzeichniß der Bürgermeister von 1311 an
bei Kriegl Frankfurter Bürgerzwiste S. 204 u. Deutsches
Bürgerthum S. 474.

Kaiser Ludwigs von 1333 (C. 524) über die Er=
weiterung der Stadt als solche erwähnt und vom Jahre
1337 datirt die erste Urkunde, welche Bürgermeister,
Schöffen und Rath ausstellen. (C. 543). Sie haben
den Vorsitz im Stadtrathe, während der Schult=
heiß auf den Vorsitz im Schöffengerichte beschränkt
wurde. Endlich gelang es auch 1372 der Stadt, das
Schultheißenamt mit seinen Zubehörungen, welches schon
seit einer Reihe von Jahren in Pfandschaftsweise in
verschiedene Hände gekommen war, von Kaiser Karl IV.
durch Kauf an sich zu bringen und damit ihre reichs=
städtische Selbstständigkeit zum Abschluß zu bringen.[24])

Die ersten Schritte, welche zu diesem Ziele führ=
ten, waren zu einer Zeit geschehen, da der Rath nur
aus Gliedern der alten burgensischen Familien bestand
und auch der Abschluß selbst wurde durch die Ver=
mittelung der Geschlechter herbeigeführt. Aber die
Handwerker waren in der Zwischenzeit nicht müssig
geblieben und hatten wie anderwärts auch die Theil=
nahme an der Regierung der Stadt erstrebt: zwar
waren schon vor der Mitte des 14. Jahrhunderts
Zünftige in den Rath, der seine Glieder selbst

---

[24]) Böhmer, C. 732. Vgl. meinen Aufsatz über die
Verfassungs-Geschichte der deutschen Städte, im Archiv Heft 7,
S. 95—101. Den Erwerb des Schultheißenamtes verdankte die
Stadt hauptsächlich den Bemühungen Siegfrieds zum Paradies:
in seinem Nachlaße fand sich das interessante Verzeichniß der
Schultheißenamts Rechte und Gefälle, welches ir. Thomas
Oberhof S. 288 abgedruckt ist.

wählte, aufgenommen worden, aber die Zünfte ver=
langten eine vermehrte Vertretung darin, eine andere
Zusammensetzung des Raths, und die stärkste Erschütterung
des Gemeinwesens, welche in der mittelalterlichen Ge=
schichte Frankfurts vorkommt, ist der 1355 beginnende
und 1366 gewaltsam unterdrückte Aufstand der Zünfte. [25]
Die in Folge der Niederlage der Frankfurter bei Cron=
berg (1389) stattgehabte Verfassungs=Aenderung war
von keiner Dauer; der auf 63 Mitglieder vergrößerte
Rath kehrte 1408 wieder zu seiner alten Zahl 43 zu=
rück; [26] er zerfiel in die 3 Bänke der Schöffen, der
Gemeinde und der Handwerker, ohne daß jedoch ein
besonderer Rang=Unterschied zwischen den beiden letzteren
bestanden hätte. [27]

Das Recht, welches in Frankfurt galt und in den
Gerichten gewiesen wurde, war das gemeine in Deutsch=
land und insbesondere in dem fränkischen Theile Deutsch=
lands übliche Recht, beruhte also — abgesehen von
einzelnen Reichs=Gesetzen — auf altem Brauch und Her=
kommen, namentlich auch dem in der Stadt selbst ent=

---

[25] Vgl. Kirchner, Gesch. I. 397. Fichard, Entstehg
S. 204—284. Römer=Büchner, Entwicklg S. 56. besonders
aber Kriegk, Frankfurter Bürgerzwiste S. 22 flg. Die Ur=
kunden bei Böhmer C. 635—719.

[26] Mittheil. des Vereins S. 314. Kriegk, Bürger=
zwiste 61.

[27] Kriegk a. a. O. S. 509.

ſtandenen.[28]) Daß die ſ. g. Rechtsbücher, namentlich
der ſ. g. Schwabenſpiegel oder das kleine Kaiſerrecht,
in Gebrauch geweſen ſeien, läßt ſich nicht nachweiſen.
Als beſondere Rechtsquellen ſind vor Allem die Frei=
heits= und Rechts=Briefe zu nennen, welche die
deutſchen Könige und Kaiſer der Stadt ertheilt haben:
ſie betreffen jedoch vorzugsweiſe Verhältniſſe des öffent=
lichen Rechts, auch damit zuſammenhängende Be=
ſtimmungen über das Gerichtsweſen, und zeigen, wie
Frankfurt allmählig zur reichsſtädtiſchen Selbſtſtändig=
keit emporſtieg, nur einzelne ſpätere beziehen ſich auf
privatrechtliche Dinge.[29]) Unter den erſteren iſt der
Gnadenbrief Königs Heinrich VII. von 1232 hervor=
zuheben, wodurch der ſ. g. Ehezwang aufgehoben wurde.
K. Konrad IV. beſtätigte dann 1240 das Verſprechen,
daß die Töchter und Wittwen der Frankfurter nicht zu
Ehen mit ſeinen Hofdienern gezwungen werden ſollen.
(Böhmer C. 55. 68). Dann ſind die Freiheitsbriefe
K. Richards von 1257 zu nennen: in dem erſten ver=
ſpricht er in der Stadt keinen burglichen Bau zu er=
richten, (Böhmer C. 116), in dem zweiten beſtätigt er
alle Rechte der Stadt, namentlich die Freiheit vom
Ehezwange, die Nichtveräußerung vom Reich, die halbe

---

[28]) Vgl. Sendenberg, historia juris stat. Fr. in ſ.
Selecta I. 507. Gengler, deutſche Stadtrechte des Mittel=
alters. Erl. 1852. S. 111. Urkundlich geſchieht 1239 eine
Schenkung jure regio ac consuetudine, 1264 eine Beſitzüber=
gabe juxta consuetudinem civitatis. Böhmer, Cod. 68. 131. 211.

[29]) Priv. Königs Wenzel von 1395 über die Satzungen,
in Selecta I. 564. Orth, Anm. Fortſ. II. 675.

Münze, die Aufhebung der Vogtei und bestimmt, daß kein Bürger solle gefangen genommen werden, um Geld von ihm für den König zu erpressen und daß die bis jetzt der Reichssteuer unterworfenen Güter auch bei dem Uebergange in andere geistliche oder weltliche Hände steuerpflichtig bleiben sollen. (B. 117) Endlich gehört hierher das wichtige Privileg Königs Rudolf von 1291, daß Niemand die Bürger modo duellico seu per viam duelli extra civitatem possit evocare, sowie daß überhaupt Niemand einen Bürger wegen Güter oder Schulden vor einem Gerichte außerhalb der Stadt Frankfurt belangen dürfe, es sei ihm denn zuvor in der Stadt das Recht verweigert worden (das s. g. jus de non evocando). König Adolf bestätigte 1294 dies Privileg (Böhmer C. 287).[30]

An diese Rechtsbriefe schließt sich das s. g. Stadt=recht vom 10. Januar 1297 an.[31] Frankfurt war die bedeutendste Stadt der ganzen Gegend und wurde von den Königen als ein Vorbild für andere Orte in der Weise angesehen, daß sie diesen Orten als Beweis besonderer Gnade die Rechte und Freiheiten verliehen,

---

[30] Die Privilegien sämmtlich aufzuführen ist hier nicht thunlich. Vgl. Moritz, Staatsverfassung der Reichsstadt Frankfurt (1785) I. 88—114. Die älteren sind in Böhmer C. D. abgedruckt. Eine officielle Sammlung ist: Privilegia et pacta des H. R. Stadt Frankfurt. Fr. 1614. 2723. Noch immer aber sind manche Kaiserbriefe ungedruckt.

[31] Gedruckt in Böhmer, C. 304, Wetteravia S. 252. Thomas Oberhof S. 271, erläutert daselbst S. 84—92, Gengler, Stadtr. 115.

deren sich Frankfurt zu erfreuen habe.[32] So hatte
unter anderen König Adolf auch der Stadt Weilburg
1295 eadem libertatis jura gegeben, welche Frank=
furt habe (Böhmer 297). Dies veranlaßte die Weil=
burger sich von Frankfurt ein Weisthum darüber geben
zu lassen und der Rath theilte ihnen darauf diejenigen
Rechte mit, deren sich die Stadt von Alters her ge=
brauche. Das Weisthum enthält 21 Artikel und gibt
darin theils die Privilegien an, welche die Stadt von
den Königen erhalten hat, wie die Freiheit vom ge=
richtlichen Zweikampf, vom Ehezwange rc., theils ihr
Gewohnheitsrecht in Hinsicht auf die Bestrafung ver=
schiedener Vergehen, auf das gerichtliche Verfahren, auf
die Stellung der Pfahlbürger, theils ihre marktpolizei=
lichen Satzungen über Fleischverkauf und falsche Ge=
wichte. Es waren dies offenbar die Punkte, welche
dem Rathe am wichtigsten schienen: er schließt daher
mit den Worten „hec ad presens sufficiant" und
verspricht weitere Belehrung zu geben, wenn man in
anderen hier nicht berührten Punkten sich an ihn wenden
wolle. Dies muß bald der Fall gewesen, denn es
folgen nun noch 10 weitere Artikel ähnlichen Inhalts,
besonders die Pfahlbürger und die in die Stadt ein=
gewanderten Leute betreffend, worauf erst die Besiege=
lung und Datirung der ganzen Urkunde erwähnt wird.

Der 1154 aufgezeichnete Landfrieden des rheini=
schen Städtebundes, dem auch Frankfurt angehörte,

---

[32] Vgl. das Verzeichniß der mit Frankfurter Stadtrecht
bewidmeten Orte in Wetteravia S. 270. Thomas Oberhof
119. 590. Es ist noch weiterer Vermehrung fähig.

und die Beschlüsse der Städtetage (Böhmer C. 100)
enthalten auch Bestimmungen in Betreff der Pfahl=
bürger;[33]) der Stadtfrieden, den Schultheiß,
Schöffen und Rath 1318 erneuern, (Böhmer C. 443)
betrifft die Strafe der Stadtverweisung bei mancherlei
Verbrechen vom Mord an bis zum Gebrauche frevel=
hafter Worte in Gegenwart des Schultheißen oder der
Schöffen (d. h. also vor Gericht) und verbietet den
Erwerb weiteren Grundeigenthums von Seiten der
Klöster und Orden. Im Jahre 1352 wird er auf
10 Jahre verlängert. (Ibid. 622)

Wie Schultheiß, Schöffen und Rath hier in dem
Stadtfrieden die ihnen im Interesse der Stadt nöthig
scheinenden Verordnungen erlassen haben, so waren sie
überhaupt berechtigt, als städtische Obrigkeit alle die=
jenigen Verfügungen zu treffen, welche das Wohl der
Stadt erheischte, sie übten das Recht der Gesetzgebung
aus und erließen ebenso wohl Verordnungen in Sachen
der städtischen Polizei und Verwaltung, als in Be=
ziehung auf das Gerichtswesen und im Gebiete des
Straf= und Privat=Rechts. Ebenso stand dem Rathe,
nachdem der Schultheiß aus seiner Mitte geschieden
war, unter dem Vorsitze der Bürgermeister dies Recht
zu, ohne daß die übrige Bürgerschaft — außerordent=
liche Fälle abgesehen — dabei betheiligt gewesen wäre,
und andererseits haben Schultheiß und Schöffen auch
allein ohne Zuziehung des Raths für das gerichtliche
Verfahren Ordnungen erlassen.

---

[33]) Vgl. darüber Thomas Oberhof S. 174.

Diese Rathsordnungen wurden theils auf einzelne Bogen geschrieben und später zusammengeheftet, theils auch gleich in besondere dazu bestimmte Bücher eingetragen. Die Publication, insoweit sie der Rath für nöthig hielt, geschah durch Ausrufen lassen.[34]

Die älteste erhaltene Sammlung, Gesetzbuch überschrieben, umfaßt Rathsordnungen von 1352 bis 1378. Ihr Eingang lautet: Dies sind die Rechte und Artikel die wir die Scheffen und der Rait zu Franckinforb gemacht han und wollen, das sie stede werden gehalten. Sie enthalten Bestimmungen über den Rath und die Schöffen, zumeist aber betreffen sie das Gewerbewesen, den Weinhandel, die Markt= und Sittenpolizei (z. B. den Aufwand bei Hochzeiten und in Kleidern, die bösen Eide, das Spiel), die öffentliche Sicherheit (z. B. das Ausweisen aus der Stadt, das Tragen langer Messer), und nur wenige beziehen sich auf das Privatrecht, so auf die Zinsen, den Versatz und den Verkauf von Liegenschaften, die Bestellung von Momparn, das Einliegen in Ghselweise. Dazwischen sind dann statistische Personalnotizen über die Unterkäufer, die Juden, die des Reichs und unser Herren Bürger worden sind zu Fr. u. s. w. eingemischt.[35] Eine zweite Sammlung[36] ähnlichen Inhalts geht von 1373 bis 1432, sie enthält unter anderen die älteste Juden=Stetifeit von 1424. Die

---

[34] Archiv Heft 7, S. 133. Kriegl, Bürgenzwiste S. 20.

[35] Gedruckt in Senckenberg, Scl. I. 1—84.

[36] Vgl. Kriegl in den Mittheilungen Bd. 2 S. 196, woselbst einzelne Ordnungen abgedruckt sind.

wichtigste Sammlung aber ist das s. g. Statutenbuch.
Dasselbe ließ der Rath 1417 aus andern alten Ge=
setzen und Büchern zusammenschreiben und zusammen=
tragen: dann wurden die neuen Satzungen nachgetragen
und so blieb dies Buch bis ins vorige Jahrhundert in
dem beständigen Gebrauch des Raths als amtliche
Sammlung der namentlich in Verfassungs= und Ver=
waltungs=Angelegenheiten ergangenen Verordnungen.
Unter denselben sind manche von ziemlichem Umfang,
wie die Ordnung über Bonames, über das Amt der
Richter von 1443, über den Fronhof, über das Amt
des obersten Richters von 1420, die Bede=Ordnungen
aus derselben Zeit und von 1496, die Polizei=Ordnung
von 1468, die Juden=Ordnung u. s. w. Das Privat=
recht betreffen nur wenige kleine Statuten, z. B. über
Werschafften, über Momparschaft, Einkindschaft, den
Verkauf von Zinsen u. s. w. ³⁷)

Die Gerichts=Ordnungen sind eine Schöffen=
Ordnung in 10 Artikeln, wie es die Schöffen mit den
Presentien (d. h. den Präsenz=Geldern) zu halten unter
sich vereinbart haben; eine Schöffen=Gerichts=Ordnung
in 56 Artikeln, welche insonderheit das Verfahren bei

---

³⁷) Dies Statutenbuch habe ich genau beschrieben und aus=
zugsweise veröffentlicht im Archiv Heft 7 S. 118—185. Die
privatrechtlichen Statute sind zum größten Theil schon von Orth
in seinen Anmerkungen über die erneuerte Reformation abgedruckt,
der auch darin (4te Fortf. S. 13) von den Statutenbüchern spricht.
Unter den späteren Statuten ist besonders das über das Brach=
feld von 1504 von Interesse, weil es die alte Dreifelderwirthschaft
bestätigt. (S. 152).

Klagen von Eigen= und Erbeswegen nach dem Rechte und Herkommen des Reichs=Gerichts bestimmt und in den letzten 16 Artikeln die Ordnung der weltlichen Richter zu Fr. nach altem Herkommen und Rechte des Reichs=Gerichts enthält; eine Gerichts=Ordnung von 1475, welche die Schöffen mit Verwilligung des Raths auf= gerichtet haben und die wohl um 50 Jahre jünger ist als die beiden andern. Von größerer Bedeutung ist der s. g. Gerichtsstab, eine ausführliche Beschreibung des ganzen Gerichtsverfahrens unter dem Titel: Sequitur Regimen seu baculus judicii secularis in Francken- ford, ohne Zweifel die Privatarbeit eines langjährigen Gerichts=Mitglieds aus dem 15. Jahrhundert und bei dem Gerichte selbst in Gebrauch, wie sie dann auch von dem Verfasser der erneuerten Reformation, Johann Fichard, der sie zeitweilig besaß und dessen Namen auf dem ersten Blatte eingezeichnet ist, bei seiner Arbeit be= nutzt wurde.[38])

Außer diesen eigentlichen Rechtsquellen sind für die Kenntniß des Rechts in dieser Zeit die Urkunden, welche in dem Böhmer'schen Codex diplomaticus und

---

[38]) Diese sämmtlichen Ordnungen, welche schon Senckenberg selecta juris (I, praef. S. 54) aus dem Uffenbach'schen Cataloge anführt, sind in Thomas Oberhof S. 222—287 abgedruckt. Den Baculus judicii hat Thomas dem 14 Jahrh. mit Unrecht zugeschrieben. Vgl. Gengler a. a. O. S. 120. Dieser führt auch noch eine Willkür über processualische Gegenstände von 1376 aus Königsthal corpus juris germ. tom I pars 2 S. 9 an, aber dieselbe gehört nach Frankfurt an der Oder, wie ich im Archiv Heft 5 S. 132 gezeigt habe.

in andern Werken zahlreich abgedruckt sind, die Gerichts=
bücher oder Schöffengerichts=Protokolle, welche sich in
einer stattlichen Anzahl von Bänden erhalten haben,
und die Bücher, in welche die vor dem Rath statt=
findenden Aufgaben liegender Güter und die vor drei
Gliedern des Raths vorgenommenen Rechtsgeschäfte, —
die Satzungen, Einkindschafts=Verebungen, Gültver=
käufe — eingetragen wurden, von großer Wichtigkeit.[39])

Nur der Gerechtsame wegen, die Frankfurt zu=
standen, sind schließlich noch das Landrecht der Graf=
schaft zu Bornheimer Berg, welches 1303 von der Stadt
und von den Centgrafen, die zu dem Landgerichte ge=
hören, gewiesen wurde, das Weisthum zu Oberrad von
1452, das Weisthum von Bonames von 1417, mit
den dazu gehörenden späteren Weisthümern und Ord=
nungen zu erwähnen: das Niederräder Weisthum ist
nur in einer späteren Fassung von 1543 bekannt.[40])

Anlangend nun das Recht und gerichtliche Ver=
fahren selbst, so bestand in Strafsachen das Ver=
fahren vor dem Schöffengericht neben dem vor dem
Rathe, welcher durch das Privileg Königs Wenzel

---

[39]) Auszüge aus den Gerichtsbüchern giebt Thomas, Oberhof, S. 299—368. 452—519. 521—578. Da die Ausfertigungen
über die Aufgaben liegender Güter unter dem großen, die über
die andern Geschäfte unter dem kleinen Siegel der Stadt geschahen, so wurden die Bücher danach Major- und Minor Währ-
bücher genannt. Vgl. Archiv Heft 5 S. 26. 142.

[40]) Böhmer, C. 354. Thomas, Oberhof S. 581.
Grimm, Weisth. I. 520. III. 481. Archiv N. F. II. 210. Archiv
Heft 6 S. 222.

von 1387 (im Priv.=Buche S. 207) das Recht erhielt, jederlei Uebelthäter an Leib und Gut zu strafen, aber auch schon vorher als städtische Obrigkeit dies Recht ausgeübt hatte. So lange viele Straffälle vor dem Sendgerichte verhandelt wurden, was bis 1370 oder 1377 der Fall war, beschränkten sich die Fälle, die vor das Schöffengericht gehörten, auf Mord, Verwun= dungen, Diebstahl, Vergewaltigungen und Injurien. Wie die Gerichts= oder s. g. Frabelbücher und der von Verfahren in Frevelsachen handelnde Abschnitt des baculus judicii (Art. 24—29) beweisen, fand vor dem Gerichte das accusatorische Verfahren statt, beide Theile hatten ihre Fürsprecher, zwei glaubhafte Zeugen ge= nügen zum Beweise der Anschuldigung, wie auch der Nothwehr, und die Strafen bestanden in den Bußen, welche das Gericht nach der Beschaffenheit des Frevels bestimmte. So verschieden aber die Frevel waren, gab es doch nur dreierlei Bußen, die höchste, die hohe, und die niedere Buße von je 30 Pfund Heller, 9 Pfund Heller und 20 Schilling Heller. Handelte es sich um einen Mord, so trat der Schultheiß, in Ermangelung eines andern, von Amtswegen als Kläger auf: wurde der An= geklagte schuldig befunden, so gab das Gericht die Sache an den Rath ab, damit dieser die Strafe ausspreche, war aber der Angeklagte nicht zu betreffen, so wurde er dreimal fürgeheischen und wenn er dann nicht erschien, wurde ihm sein Landrecht genommen, wie dies von Alters Herkommen und Gewohnheit war. Das Verfahren bei dem Rath, der nach und nach alle Strafsachen vor sich zog, war an solche Formen nicht gebunden, es ist über dasselbe Näheres nicht bekannt, es wurde gegen die Verbrecher von Amtswegen eingeschritten, man suchte deren Eingeständniß durch die Folter, deren Gebrauch schon 1413 als einer bekannten Sache erwähnt wird, durch langes Gefangenhalten u. s. w. zu erlangen und der Rath sprach dann die Strafe nach seinem Ermessen aus. Wie an andern Orten, waren auch hier die Strafen hart und grausam. Als der Rath von Ulm, dem 1360 Kaiser Karl IV. die Freiheit, Uebelthäter zu strafen, nach Laut des der Stadt Frankfurt darüber gegebenen Briefs ertheilt hatte, sich desfalls nach Frankfurt wandte, begnügte sich der Rath schließlich darauf zu antworten, er richte die unthätigen Leute je nachdem es sich nach der begangenen Uebelthat heische, mit Namen einen Mörder mit dem Rade, einen Räuber mit dem Schwerdt, einen Dieb zum Galgen, einen Fälscher zum Kessel, einen Nachtbrenner und einen Ketzer zum Feuer und in andern unthätigen Sachen nach Erkenntniß des Mehrertheils des Raths. [41]

Ueber das Civilprozeßverfahren geben die obenerwähnten Gerichts=Ordnungen und namentlich der baculus judicii genaue Auskunft. Das Reichsgericht

[41] Siehe Dreyer, antiquar. Anmerkungen, Lübeck 1792, S. 29. Thomas, Oberhof S. 421. Daselbst die Auszüge aus den Frevelbüchern, S. 369—419. Im Uebrigen vgl. Thomas a. a. O. S. 207. Kriegl, Deutsches Bürgerthum, S. 127. Criminaljustiz, S. 223. Criminalstrafen, Neue Folge S. 37 Gefängnißstrafen.

wurde dreimal in der Woche (am Montag, Mittwoch und Freitag) von 9—12 Uhr öffentlich gehalten, den Fremden wurde auch ausnahmsweise zu anderer Zeit Gericht in der Stube gegeben. Der Schultheiß, oder in seiner Abwesenheit der älteste Schöffe hatte den Vorsitz. Das Urtheil wurde nach mündlicher Verhandlung der Sache je einem Schöffen befohlen und vom Gerichtsschreiber in das Gerichtsbuch eingetragen. Der Baculus unterscheidet nun das Verfahren um Eigen und Erbe, wobei der Beklagte dreimal vorgeladen werden mußte, das Verfahren um heurige unverjährte Zinsen von Gütern und Unterpfändern, wobei eine Ladung Mund gegen Mund genügte, um dann Pfand an der Fahrhabe und in deren Ermangelung Nachtung[42]) an dem Eigen und Erbe selbst zu nehmen, das Verfahren in Bausachen, wobei der Kläger um eine Anleihe[43]) bat, das Verfahren wegen Zinsen oder Gülte auf wüste liegendem und verlassenem Erbe und Eigen, welches mit Nachsuchung eines Kummers oder Arrestes begann, in Folge dessen das Gut feil geboten und entweder von dem Kläger, der dann alle darauf ruhenden Zinsen übernehmen mußte, übernommen oder auf seinen Antrag die Rottirung (ein Gant und Locationsverfahren unter den verschiedenen Zinsherren) veranlaßt

---

[42]) Diese findet in symbolischer Weise statt: ist es ein Bau, so giebt der Richter daraus einen Span, ist es Acker oder Wiesen, so giebt er Erde davon. Thomas, Oberhof S. 207. Erst 1849 wurden diese symbol. Handlungen beseitigt.

[43]) Es sind dieß die s. g. Gang-Gerichte. Vgl. Carl, Natur der Hanau'schen Ganggerichte. Hanau 1827.

wurde,[44]) das Verfahren bei Meßhändeln, bei Kummer
(d. h. Arrest bei Forderungen, die vor dem Richter bei
dem Fürgebote anerkannt wurden) und in gewöhnlichen
Schuldsachen, mit dem sich daran anschließenden
Executionsverfahren.[45]) Vom Beweisverfahren ist nicht
viel die Rede: zwei Zeugen genügen, aber die Parthei
muß ihre Behauptung auch berechten, d. h. durch den
Eid bekräftigen: so wer gestohlene oder geraubte Pferde
oder Kühe anspricht, hat selb dritt oder mehr zu berechten, daß ihm die Thiere ohne Fehde abgeraubt und
entwältiget seien. Appellationen werden gar nicht erwähnt, sie waren bis 1474 nicht gestattet.[46])

Wie das bürgerliche Recht dieser Periode in
Frankfurt, soweit es auf Herkommen und Gewohnheit
der Stadt beruht, beschaffen gewesen, läßt sich nur aus
vereinzelten urkundlichen Nachrichten entnehmen, da
wie schon bemerkt, umfassendere Aufzeichnungen desselben

---

[44]) Näheres hierüber habe ich im Archiv, N. F. II. 378
gegeben.

[45]) Ueber die Pfändung im Executions- und Arrestverfahren
vgl. Meibom das deutsche Pfandrecht. 1867. S. 87—97. Ueber
die Schuldhaft und die Privatgefängnisse, vgl. Kriegk, Bürgerzwiste 458. Länger wie vier Wochen hielt das Gericht keinen
Schuldner eingesperrt, der Gläubiger aber durfte ihn nachher
selbst in Verwahrung nehmen. Ib. 463.

[46]) Thomas, Oberhof 213 360. 365. — Die Zeugen
sollten Bürger sein. Ib. 329. Nach der gewöhnlichen Formel
erbietet sich Kläger zum Beweis mit zwei Zeugen und sich selbst.
Ib. 307. 573.

nicht vorhanden sind, dergleichen z. B. in Augsburg und Bamberg sich finden.

Was zuerst das Personenrecht anlangt, so war der Abschluß der Ehe ein bürgerlicher Act: die Verlobung wurde in Gegenwart der Verwandten und anderer Zeugen, bei habhaften Leuten unter Errichtung eines Ehe- oder Heirathsvertrags, gefeiert, und die kirchliche Einsegnung oder Inthronisation war nur eine Bestätigung der geschlossenen Ehe. [47]) Die Frau kam dadurch unter die Gewalt oder Vertretung des Ehemannes, er war ihr Mompar. In Folge der Ehe fand eine Vermischung der beiderseitigen Güter statt, beide Gatten mußten bei allen wichtigeren Geschäften und namentlich bei der Veräußerung von Liegenschaften mit gesammter Hand, communicata manu, handeln. Diese Vermögenseinheit während der Ehe zeigte sich auch nach deren Trennung noch wirksam. War die Ehe unbeerbt geblieben, so blieb der überlebende Ehetheil in dem gesammten Vermögen sitzen, nur das von dem verstorbenen Gatten eingebrachte alte Erbe (das ihm durch Erbgang in der Familie auferstorbene liegende Gut) war hinterfällig und fiel an seine Verwandten zurück nach dem Tode des überlebenden Gatten. Waren aber Kinder vorhanden, so erhielt der überlebende Gatte sämmtliche fahrende Habe zum Eigenthum, die gesammten Liegenschaften, gleichviel woher sie stammten, wurden den Kindern einhändig oder ver-

---

[47]) Vgl. Dr. Steiß im Archiv, N. F. III. 54. Kriegf, Bürgerthum, Neue Folge 1871. S. 224.

fangen und dem überlebenden parens blieb nur der lebenslängliche Beisitz, die Leibzucht daran. Jedoch durfte er in Nothfällen zuletzt auch das verfangene Gut angreifen, so lange er seinen Wittwenstuhl nicht verrückt hatte.[48]) Daß der Wittwer überhaupt für die Schulden der Ehe zu haften hatte, war selbstverständlich, die Wittwe konnte sich der Haftung entziehen, wenn sie ihren Mantel oder das Paternoster auf das Grab des Ehemannes fallen ließ. Dies erkannte noch 1451 ein Statut des Raths an, aber schon 1460 wurde durch ein neues Statut bestimmt, daß trotzdem die Wittwe auch mit ihrem späteren Erwerbe für die Schulden zu haften habe.[49]) Die Nachtheile, welche die Verfangenschaft bei Eingehung einer neuen Ehe mit sich brachte, wurden durch die s. g. Einkindschaften zu beseitigen gesucht, deren schon 1399 in den Schöffen-Protokollen erwähnt wird.[50])

Der Grund und Boden in Frankfurt war ursprünglich königliches Eigenthum, denn es lag mit seiner ganzen Gemarkung auf des Königs oder Reiches Boden und noch im Jahre 1300 werden die Bunden als

---

[48]) Dieses s. g. Güterrecht der gesammten Hand habe ich ausführlich dargestellt in meinem Versuche über die Güter- und Erbrechte der Ehegatten zu Fr. bis zum Jahre 1509 mit Rücksicht auf das fränkische Recht überhaupt. Fr. 1841. Vgl. auch meine Mittheilungen darüber im Archiv, N. F. IV. 247, — Sandhaas fränkisches ehel. Güterrecht. Gießen 1866. Schröder das fränkische ehel. Güterrecht im Mittelalter. Stettin 1871.

[49]) Vgl. meinen gedachten Versuch), S. 55.

[50]) Ebenda, S. 61.

Reichsgut erwähnt.[51]) Als dann aus der Villa die Stadt sich entwickelte, wurde der Boden den Burgenses gegen den s. g. Arealzins überlassen, wie dies z. B. die Urkunde Kaiser Friedrichs von 1180 für Wetzlar bezeugt.[52]) Die Ministerialen zahlten ihn nicht, dafür leisteten sie ihre Dienste. Da der Arealzins die Natur einer öffentlichen Abgabe annahm, so wurden die Burgensen wie die Ministerialen die freien Eigenthümer ihrer Hofstätten: auch was die Geistlichkeit an Grund und Boden erhielt, war frei. Die Hörigen und Handwerker dagegen saßen zu Hofrecht auf fremden Boden und hatten kein dingliches Recht an demselben. Im 10. und 11. Jahrhundert aber kam auch in den Städten die Erbleihe an Häusern, die Häuserleihe auf, indem die Eigenthümer ihr Allod oder Theile desselben den kleinen Leuten gegen einen Zins — sei es an Geld, sei es an Hühnern oder Frucht — zu erblichem Besitz hingaben. So steht sich seitdem auch in Frankfurt proprietas und hereditas, Eigen und Erbe gegenüber, das jure proprietario dem jure hereditario possidere. So lange der Zins gezahlt wurde, konnte der Eigenthumsherr dem Erbbesitzer das Haus nicht nehmen und unter Vorbehalt des Zinses konnte letzterer auch über das Erbe verfügen, es selbst wieder vererbleihen (in Afterleihe geben), bis zuletzt dies vorbehaltene Eigenthum in ein bloses Zinsrecht überging. Die Erbleihe wurde

---

[51]) Mittheil. I. 107. Pauli Wiboldsrenten. 1805. S. 2.
[52]) Böhmer, Cod. 17.

balb ein so häufiges und beliebtes Institut, daß sie
auch ohne Rücksicht auf den Stand des Erbbesitzers
und bei Läden, Gaben, Hallen u. drgl. vorkam, indem
es für den Eigenthumsherrn noch vortheilhafter war,
sein Areal in solcher Weise als zu Bauplätzen auszu=
thun. An diese Boden= oder Grundzinsen schloß sich
dann die Rente, redditus, b. h. der Kaufpreis für ein
Geld=Capital an, der als wiederkehrende Leistung auf die
Liegenschaft radizirt wurde: nicht weniger oft wird er der
Liegenschaft auferlegt, um als Seelgerette zu dienen
und namentlich auf diese Weise sind die geistlichen
Corporationen in den Städten zu der Menge von
Zinsen gekommen, über deren Last später so viel geklagt
wurde. Alle diese Zinsen waren unableglich oder ewig:
erst spät wurde die Ablösbarkeit gestattet und wenn nun
ablegliche Zinsen von neuem aufgelegt wurden, waren
dies recht eigentlich Zinsen einer Geldmiethe, nicht mehr
eines Capitalkaufs. [53]) Das Recht, welches dem Zins=
pflichtigen am Hause zustand, wird in den deutschen Ur=
kunden die Besserunge genannt und ihm gegenüber wird
das Recht des Eigenthumsherrn der erste Zins und
die Eigenschaft genannt: es ist stehende Formel, daß

---

[53]) Vgl. Fichard, Entstehung S. 27. 45. 94. 107. Heusler
Verf. Gesch. 169. Mone Zeitschrift XII. 486. XIII. 385, be=
sonders aber das treffliche Buch von Arnold, zur Gesch. des
Eigenthums in den deutschen Städten, Basel 1861, mit meinem
Berichte darüber im Archiv N. F. II. 372. Grade Frankfurter
Urkunden sind es, welche Arnold als Belege für seine Dar=
stellung anzieht, die älteste (Böhmer Cod. 22), welche einen Zins
— von einem Garten an Geld und Hühnern — erwähnt ist von 1215.

genannte Leute die Besserung und alles ihr Recht des Hauses verkaufen: und gebe das Haus jerlichs zu Zinse (irgend einen Betrag) den Leuten, die den Zins darauf haben.[54])

Dieser Häuserleihe entspricht bei ländlichen Grund= stücken der Erbpacht, die locatio jure hereditario, welche auch in den Frankfurter Urkunden vorkommt (z. B. Böhmer Cod. 170) und bei der sich die Wand= lung des Pachts in Eigenthum durch Ablösung des Erbzinses erst in späterer Zeit vollzieht. Neben dem Erbpacht erscheint bei Gütern die Leihe zu Landsiedel= recht, ein Institut was auf der Grenze zwischen Zeit= und Erbpacht steht, insofern es dem Leiherrn nicht ge= stattet war, den Landsiedel zu vertreiben, so lange er seinen Verpflichtnngen nachkam, es sei denn, daß der Leiherr das Gut in eigene Wirthschaft nehmen wollte. Das Recht des Landsiedels wird auch Besserung genannt, der Eigenthümer heißt der Lehnsherr[55]). Nur in seltenen Fällen wurden auch Häuser zu Landsiedelrechte ausgethan[56]).

Einzelne dem Reiche gehörige Liegenschaften waren nach Lehenrecht vergeben; so besaß z. B. 1276 der Ritter Hartmud von Sachsenhausen eine Hofstätte mit einem Steinhause, Hof und Garten zu Sachsenhausen als ein Reichslehen. (Böhmer Cod. 177) Auch geist= liche Stiftungen ertheilten Lehen, z. B. gab der Probst

---

[54]) Vgl. die Urkunden, welche ich in den Mittheil. des Vereins veröffentlicht habe, z. B. II. 172 von 1377, III. 355 von 1356, IV. 286 von 1406. Die Bezeichnung Bodenzins s. II. 356 von 1360.

[55]) Vgl. z. B. die Urkunde von No. 3 über den Bornheimer= berg bei Thomas Oberhof S. 581.

[56]) Vgl. Arnsburger Urkundenbuch No. 114. 1023. 1028.

3*

Gerhart 1256 dem Schultheißen Wolfram den Probstei=
zehnten im Linbau — einem abgetriebenen Walde bei
Frankfurt — als Lehen, jure feodali in perpetuum
possidendam. (Böhmer Cod. 99) Die sonsten in der Stadt
vorkommenden Häuserlehen waren aufgetragen Lehen,
wie z. B. Sifried von Marburg 1397 sein Haus zum
Paradies dem Kurfürsten von Köln zu Lehen auftrug[57]).
Mit dem Namen Ganerbenhäuser werden die=
jenigen Häuser bezeichnet, welche sich im Gesammt=
besitz mehrerer zu den Geschlechtern gehörigen Familien
befinden, wie z. B. das Melemsche Steinhaus Born=
fleck, oder jetzige steinerne Haus[58]).
Die Uebergaben der Häuser und Güter geschahen
öffentlich vor der Stadtbehörde: der übergebende Theil
resignirte die Liegenschaft und der neue Erwerber nahm
sie in Besitz, oder wurde vom Schultheiß in den Be=
sitz eingewiesen (Böhmer Cob. 132), über den Hergang
wurde dann eine Urkunde ausgestellt. Die älteste ist
die bereits oben erwähnte von 1219, da Schultheiß,
Schöffen und sämmtliche Bürger eine vor ihnen in
generali placito civitatis geschehene Resignatio beur=
kunden. (Jbid. 26.) Im Jahre 1273 bekennen Schultheiß,
Schöffen, Rathmannen und Bürger, daß Wolfram
einen Garten in forma judicii Frankenv. publice re=
signirt habe: es geschieht dies more dobito et consueto
(Ib. 165). In einer Urkunde vom 1280 wird dann
noch zugesezt, daß der Tradent nach der Gewohnheit

---

[57]) Vgl. Mitth. II. 156 über die hief. Häuserlehen.
[58]) Vgl. Mitth. I. 231. Noch die Reform. von 1611 giebt
über diese Häuser besondere Vorschriften II. 5. VIII. 10.

der Stadt dem Erwerber warandiam justam debitam
et consuetam leisten wolle (Ib. 196). Was darunter
zu verstehen, zeigen spätere Urkunden, wonach die Ver=
käufer für Währschaft und rechte Ansprach Jahr und
Tag nach der Stadt Frankfurt Recht und Gewohnheit
einstehen, eine Formel die sich in allen Währbriefen findet,
bis endlich mit Gesetz vom 15. September 1863 die
Währschaftsleistung aufgehoben wurde. Die Besitzeinwei=
sung geschah mit Hand und mit Halm, ore et calamo: [59]
auch diese symbolische Form hörte erst 1863 auf.

Fälle der s. g. älteren Satzung, wobei die Pfandstücke,
auch wenn sie in Liegenschaften bestehen, in den Besitz des
Pfandnehmers kommen, habe ich in hiesigen Urkunden
zwischen Privatpersonen nicht gefunden, dagegen über=
gibt in dieser Weise z. B. Kaiser Ludwig 1333 den
Saalhof — des richs Sal — an Jacob. Knoblauch
(Böhmer Cod. 526). Die s. g. jüngere Satzung da=
gegen, welche als Anweisung von Executions=Gegenstän=
den, mobiler und immobiler Natur auftritt und deren
Besitz bei dem Schuldner beläßt, findet sich häufig.
Sie kommt namentlich in der Weise vor, daß der Em=
pfänger einer Häuserleihe zur Sicherheit des von ihm
zu leistenden Zinses noch anderweitige ihm zustehende
Zinsen verschreibt: es wird dies titulo ypothece sive
subpignoris oder pro subpignore obligare genannt. [60]
Trotz dieser Bezeichnung ist aber dies Unterpfand von
der römischrechtlichen Hypothek wesentlich verschieden,

---

[59] Archiv II. 192. Thomas Oberhof S. 249.
[60] So schon 1278 Böhmer Cod. 187, dann 1280, 1292,
ib. 271, 276. Vgl. Meibom deutsches Pfandrecht. S. 409.

da es dem Gläubiger kein dingliches Recht, sondern nur diejenigen Rechte gewährte, welche er gehabt hätte, wenn er dies Pfand im Executionswege erlangt hätte. Deswegen mußte es auch bald üblich werden, solche Verpfändungen, zumal seitdem sie auch zur Sicherung von Darlehen stattfanden und den alten Rentenkauf allmählig verdrängten, nur vor Gericht geschehen zu lassen: sie mußten in der Stadt in das Versatzbuch eingetragen werden und so blieb dies auch Vorschrift, als die Insätze sich schließlich ganz in die römischen Hypotheken verwandelten. [61])

Was das Erbrecht anlangt, so läßt sich über die Frage, in welcher Weise Ascendenten und Seitenverwandte bei der Erbtheilung concurriren, aus den Urkunden keine bestimmte Antwort geben.

Auflassungen von Grundstücken u. s. w. zum Zwecke einer Vergabung von Todeswegen (post mortem possidenda) kommen schon frühe vor; sie geschehen meistens zum Seelenheil, als Seelgerette, und in der Regel behält sich der Tradent, bald mit bald ohne Zahlung eines Zinses, den lebenslänglichen Nißbrauch vor. Der anstatt tradere auch gebrauchte Ausdruck legare ändert an der Sache nichts, in so fern auch damit die gerichtliche Auflassung verbunden war. Doch werden auch Legate erwähnt, bei denen keine Auflassung vorkommt und seit 1270 finden sich auch umfassende letzt-

---

[61]) Thomas Oberhof 269. Ueber die Insätze an fahrender Habe, welche Eheleute zusammen bestellen mußten, obwohl sonst der Ehemann allein über Mobilien verfügen konnte, vergl. Ref. von 1509 tit 33. Ern. Ref. II. 17.

willige Verfügungen, welche zwar keine Erbeseinsetzungen
enthalten und keine bestimmte Form haben, aber Testamente genannt werden und als widerruflich angesehen
werden müssen, sie sind offenbar unter dem Einflusse
der Geistlichen entstanden; später wurde für diese ein-
seitigen Verfügungen dieselbe Form vorgeschrieben, die
für die alten Vergabungen galt, sie mußten ebenfalls
vor dem Rathe geschehen, wie das Privileg K. Wenzels
von 1395 bestätigte. Nach einem Statut von 1414 sollen
die Satzungen oder Besatzungen, wie nun diese Geschäfte
genannt wurden, vor drei Herren des Raths geschehen
und vor ihnen auch widerrufen werden. Daher schreibt
es sich, daß später neben den Testamenten des gemeinen
Rechts in Frankfurt auch Testamente vor drei Raths-
herren errichtet werden konnten.[62]

Anlangend endlich das Obligationen-Recht, so zeigen
die Urkunden, daß von der Bürgschaft ein ausgiebiger
Gebrauch gemacht wurde. Insbesondere war es üblich,
wenn bei den Uebergaben von Liegenschaften minder-
jährige Personen[63] betheiligt waren, für deren nachträg-
liche Gutheißung Bürgen zu bestellen. Als z. B. 1291
die Wittwe Mechtild einen Hof und Zinsen verkauft,
bestellt sie 4 Bürgen für die spätere Einwilligung ihres
noch minderjährigen Sohnes, überläßt dem einen Bür-

---

[62] Ausführliches hierüber s. in meiner Geschichte der Testamente in Fr. Archiv V. (1853) S. 1—48, woselbst auch Belege
aus den Testaments-Büchern beigegeben sind.

[63] Welche die annos legitimos oder discretionis noch nicht
erreicht hatten, Böhmer Cod. 132, 174, noch unter ihren Jahren und
nicht verzichtbar seien, Mitth. II. 361, monbige Jahre, Thomas
Oberhof 362.

gen einen Theil des Kaufpreises bis zu jener Zeit, ver=
pflichtet sich bei Abgang eines Bürgen einen andern zu
beschaffen und leistet wieder ihrerseits den Bürgen Sicher=
heit mit all ihrem Gut. (Böhmer C. 255). Die Pflicht
der Bürgen, eintretenden Falls, z. B. wenn der min=
derjährige Sohn später nicht zustimmt oder der Schuldner
nicht zahlt, solange Einlager in einer Herberge zu halten,
(moniti in unum hospicium Frank. se recipere, more
fidejussorio comesturi, in gyselwyse inkomen) wird
häufig erwähnt, in der Regel nur bei auswärtigen Bürgen
ritterlichen Standes, da die schon in Frankfurt wohnenden
Bürgen nicht erst dahin zu kommen brauchten.[64])

Tauschgeschäfte (Kubunge und Wechsel) fanden auch
über Liegenschaften nicht selten statt.[65])

Die s. g. Inhaberclausel erscheint im 14. Jahrh. bei
Schuldurkunden, Gültverkäufen ec. als stehende Formel,
ohne daß sich sagen ließe, ob die blose Innehabung der Ur=
kunde damit als genugsame Legitimation anerkannt sei.[66])

Daß sich in Handelssachen schon frühe bestimmte
Gebräuche gebildet haben und die zur Hebung des Ver=
kehrs erforderlichen Einrichtungen getroffen wurden, läßt
sich bei der Bedeutung, die Frankfurt als Handelsstadt
erlangte, leicht ermessen: es muß aber hier die blose
Andeutung genügen.[67])

---

[64]) Vergl. z. B. Böhmer Cod. 78, 81, 133, 235. Archiv
II. 181. Mitth. II. 41. Senkenberg Sel. I. 72.

[65]) Vergl. z. B. Mitth. II. 355. 361, 365.

[66]) Vergl. z. B. Mitth. III. 41, 48, I. 214. 233.

[67]) Vergl. Orth von den zwei Reichsmessen in Fr. 1765.
Fries vom Pfeiffergericht. Fr. 1752. Kriegk Bürgerzwiste
S. 294, 330 (über Messen und Banken). Kriegk deutsches

Die Urkunden dieser Periode erhalten ihre Be=
glaubigung nicht durch Unterschriften, sondern durch die
Besiegelung und namentlich vom 12. bis 15. Jahr=
hundert erscheint dieselbe als unentbehrliche · Förmlich=
keit. So wurden auch in Frankfurt die von der Stadt
selbst ausgestellten Urkunden nicht nur lediglich mit deren
Siegel versehen, sondern auch die einzelnen Bürger, und
zwar nicht blos die zu den Geschlechtern gehörigen, bekräf=
tigten ihre Schuldbriefe, Verträge und sonstige Urkunden
nur durch Beidrückung ihrer Siegel: besaß der Aus=
steller aus ·irgend einem Grunde kein eigenes Siegel,
so bat er eine andere Person für ihn zu untersiegeln
und ebenso wurden auch die Zeugen gebeten, ihre Siegel
beizufügen. Ehe das Gericht sein eigenes Siegel erhielt,
wurden die Gerichtsbriefe unter dem Siegel des Schultheißen
ausgefertigt.[68] Verlor daher Jemand sein Siegel, so
zeigte er dies auf seinen Eid dem Rathe an, damit
nicht Mißbrauch damit getrieben werde.[69] Ebenso
wurde die Urkunde kraftlos, wenn das Siegel von ihr
entfernt wurde.[70] Auch der Gebrauch der Hausmarke
ist für Frankfurt bezeugt. Mit dem Gemerk, was
an seinem Hause und in seinem Pitschir war, ließ
Johann von Melem † 1484 auch seine Waaren be=

Bürgerthum S. 33. Von Interesse ist die Vergleichung mit den
Nachrichten über Lübeck's Handel in Pauli lüb. Zustände im
M. A. 1872. S. 98. Auch Thomas Oberhof gibt im Urkunden=
Buch viele Entscheidungen in Handelssachen.

[68] So z. B. der Gerichtsbrief von 1394 in den Mitth. II. 358.

[69] Beispiele von 1385 und 1395 bei Thomas Oberhof
S. 421. Vgl. Spangenberg Urkundenbeweis I. 244.

[70] Thomas Oberhof S. 574.

zeichnen. Noch 1593 unterzeichnet ein schreibunerfahrener Fischer mit seinem Hausgemark.[71]

Es war das Recht und die Freiheit der Stadt, daß ihre Bürger nicht vor ein fremdes Gericht gezogen werden durften. Gegen Eingriffe in dies Recht, die nicht selten von dem geistlichen Gerichte des Kurfürsten von Mainz, von dem Hofgerichte zu Rotweil und von den heimlichen (d. h. Fehme=) Gerichten versucht wurden, wehrte sich daher der Rath nach Kräften.[72] Namentlich mit den freien Stühlen hatte er deßwegen viel zu streiten[73] und um hierbei mit größerer Sicherheit auftreten zu können, trug er Sorge, daß stets einige Rathsglieder oder der Oberstrichter sich unter die Zahl der Wissenden aufnehmen ließen. Im Jahr 1387 gelangten der Schöffe Jungo Frosch und Conrad von Glauburg sogar in den Pfandbesitz des Gerichtes, freien Stuhls und Schlosses zu Padberg.[74] Auch die Appellationen erschienen als eine Verletzung dieses Rechtes, wie aus der Antwort hervorgeht, mit welcher die Schöffen 1486 die Ertheilung von Aposteln abweisen.[75]

---

[71] Mittheil. I. 222. III. 380 Vgl. Homeyer Haus- und Hofmarken. 1870. S. 109.

[72] Vgl. z. B. seine beßfalls 1417 an den K. Siegmund gerichtete Beschwerde, Thomas Oberhof S. 424.

[73] Vgl. Usener die Frei- und heimlichen Gerichte Westfalens, nach Urkunden des Archivs der fr. Stadt Frankfurt. 1832.

[74] Archiv, N. F. IV. 320, woselbst ich die Urkunde habe abdrucken lassen.

[75] Thomas Oberhof S. 367.

II. Periode. Von 1495—1806.

So war Frankfurt zu einer freien und Reichsstadt erwachsen, die Kriege auf eigene Faust geführt, Bündnisse in eigenem Namen geschlossen, die Reichstage beschickt, die Pflichten gegen Kaiser und Reich wie jeder Reichsfürst erfüllt, Unterthanen erworben und überhaupt alle die Rechte geübt hat, welche den Inbegriff der Landeshoheit bildeten. Der westfälische Frieden erkannte die Reichsstandschaft ausdrücklich an. Doch war allerdings die Stellung der Reichsstädte zu Kaiser und Reich insofern besonders geartet, als der Kaiser die Rechte des Reichs hier nachhaltiger geltend machen und sich selbst Eingriffe in die reichsständischen Gerechtsame erlauben konnte.

Im Beginne dieser Periode wurde Frankfurt durch die Unruhen bewegt, welche die kirchliche Reformation und der s. g. Bauernkrieg hervorriefen. Wie die Bauern ihre bekannten Artikel aufstellten, so erhoben sich auch in Frankfurt 1525 die Bürger, insonderheit die Handwerker und verlangten die Abschaffung von mancherlei Mißbräuchen und Lasten. Es wurde ein Ausschuß von 61 Männern niedergesetzt, der die Forderungen in

45 Artikeln zusammenstellte und deren Genehmigung vom Rathe ertrotzte. Nachdem aber die aufständigen Bauern von den Fürsten besiegt waren, kehrte auch in Frankfurt Alles in den früheren Stand zurück.[76] Eine der Hauptbeschwerden, der Druck der Erbzinsen und Gülten, wurde zwar später erledigt, indem es dem Rath gelang, 1561 mit Zustimmung des Kaisers diese Lasten für ablösbar zu erklären und die Quotenbeträge für ihre Ablösung zu bestimmen. Das Bestreben der Bürger=schaft aber, bei der städtischen Finanzverwaltung eine Mitwirkung oder Controlle zu erhalten, blieb ohne Er=folg. Die Unzufriedenheit, die darüber und über die Verwaltungsweise des Raths entstand, veranlaßte den Aufstand der Jahre 1612 bis 1616, der nach dem Namen des Hauptführers der Fettmilchische genannt zu werden pflegt. Damals lag das Stadtregiment in den Händen des Patriziats, d. h. derjenigen Familien, welche als die Mitglieder der Ganerbschaft Alt=Limburg einen festgeschlossenen Adels=Verein bildeten. Aus ihrer Mitte waren die zwei ersten Rathsbänke beinahe gänz=lich besetzt und obwohl die dritte Bank für die Hand=werker bestimmt war, so wählten doch nicht die Zünfte, sondern auch diese Stellen wurden nach der Wahl des Raths besetzt und es wurde dafür gesorgt, daß diese keine Leute traf, welche den Patriziern Opposition machen würden. Weder bei der Gesetzgebung, noch bei der Verwaltung der Stadt war die Bürgerschaft betheiligt,

---

[76] Vergl. K r i e g k Bürgerzwiste, S. 137. Dr. S t e i ß im Archiv N. F. V. I.

die Finanzen der Stadt aber waren arg zerrüttet. Nun
verlangten 1612 die Bürger die Mittheilung der kaiser=
lichen Privilegien und brachten mancherlei Beschwerden
vor. Der Rath wandte sich an den Kaiser um Hülfe,
der nun Commissarien zur Beilegung der entstandenen
Wirren ernannte, und mit deren Genehmigung kam
der s. g. Bürgervertrag vom 31. Dezember 1612 zu
Stande; darnach sollte der Rath vorübergehend um
18 Mitglieder vermehrt werden, welche die Bürger in
doppelter Anzahl vorschlagen, es sollten nie mehr als
14 Limburger und überhaupt nicht zu nah verwandte
Personen im Rathe sein, es sollte eine Commission von
neun Männern jährlich die Stadtrechnungen prüfen, die
ganze Bürgerschaft sich in Zünfte oder Gesellschaften
begeben u. s. w. Ueber die Ausführung dieses Ver=
trags aber entstanden von Neuem Streitigkeiten und
große Unruhen, die schließlich zu dem Decrete der
kaiserlichen Commission von 1616 und zur harten Be=
strafung der Aufrührer führten. In diesem Decrete,
das Transfix genannt, wurden die meisten Bestimmungen
des Bürgervertrags wieder aufgehoben, die Zünfte und
Stubengesellschaften (mit Ausnahme der Limburger, der
Frauensteiner und des freien oder s. g. graduirten
Collegiums) wurden kassirt, der Neuner=Ausschuß wurde
stillschweigend abgeschafft. Anstatt der Zünfte unter
gewählten Zunftmeistern standen nun bloße Gewerb=
Vereine unter Geschworenen, die der Rath ernannte,
die Bürgerschaft wurde seit 1614 in Quartiere, zuletzt
14 an der Zahl, zumeist zu kriegerischen und Polizei=

zwecken, eingetheilt und die Vorsteher oder Capitäne derselben bildeten fortan das Mittelglied zwischen Rath und Bürgerschaft, freilich ohne irgend welche politische Rechte.[77]) So hatte jetzt der Rath gesiegt, aber die Erfüllung der an sich berechtigten Forderungen der Bürgerschaft war damit nur hinausgeschoben. Zu Anfang des 18. Jahrh. erneuerte sich der Streit. Nach der Huldigung, welche die Stadt 1705 dem neuen Kaiser Joseph I. leistete, baten die bürgerlichen Ober= offiziere der 14 Quartiere im Namen der Bürgerschaft um Bestätigung der kaiserl. Privilegien und um Abhülfe ihrer Beschwerden gegen den Rath. Der Kaiser er= nannte 1713 je für die politischen und Rechnungssachen eine eigene Commission und durch die kaiserlichen Haupt= Resolutionen von 1726, 1725 und 1732 wurden die Irrungen beigelegt: der Bürgervertrag wurde in manchen Punkten gebessert, ein selbstständiger Bürgerausschuß, das s. g. Colleg der Einundfünfziger, zur Vertretung der Bürgerschaft eingesetzt, die s. g. bürgerliche Gegen= schreiberei eingerichtet und das Neuner=Colleg zur Con= trolle der Finanz=Verwaltung wiederhergestellt.[78])

In dieser Verfassung blieb Frankfurt ein Glied des deutschen Reichs, hatte im reichsstädtischen Collegio

---

[77]) Vergl. Kriegk Geschichte, S. 237—417, der Fettmilchische Aufstand, besonders S. 287. 404, 414. Moritz I. 210.

[78]) Vergl. Moritz I. 122 und ib. 143, das Verzeichniß der betreffenden Reichshofraths=Conclusa. Müller, vollständige Sammlung der kaiserl. in Sachen Frankfurt ergangenen Re= solutionen, 1785.

auf der rheinischen Bank seinen Sitz und war ein Stand des oberrheinischen Kreises. Es gehörte zu den 6 Reichs= städten, die nach dem Lüneviller Frieden von 1801 noch übrig blieben und denen durch den Reichsdeputations= Hauptschluß von 1803, §. 27, selbst in Reichskriegen der Genuß einer unbedingten Neutralität zugesichert war. Als aber 1806 der rheinische Bund geschlossen, der Churfürst Erzkanzler zum Fürsten Primas desselben bestimmt worden, verlor Frankfurt seine Selbstständig= keit und fiel an den Fürsten Primas.[79])

Zu dieser Zeit bestand der Rath aus 43 Mit= gliedern, die in 3 Bänke abgetheilt waren: zu der ersten oder Schöffenbank gehörte seit 1606 der Gerichts= Schultheiß. Der Rath, an dessen Spitze zwei jährlich neu gewählte Bürgermeister standen, hatte die Ver= waltung der Stadt und übte die Rechte der Landes= hoheit aus. Die Bürgerschaft wurde vertreten durch den Ausschuß der Einundfünfziger, der sich durch eigene Wahl ergänzte, durch die Neuner, welche der Ausschuß vorschlug, durch die Achtundzwanziger, aus den 14 Quartieren erwählt, und durch die Dreher, welche die Wahlen zu den städtischen Aemtern controllirten. Die Civil= streitigkeiten waren den Schöffen überwiesen, vor den s.·g. Schöffenrath gehörten die Sachen, die keinen ordentlichen Proceß erforderten, vor das Schöffengericht, in dem nur der Schultheiß mit 2 Schöffen saß und vor welchem in der alten Form durch Procuratores ver=

---

[79]) Die Anzeige des Raths vom 19. August 1806 über diese Besitznahme, s. in Beyerbach, Samml. XI. 3306.

handelt wurde, kamen nur einzelne Streitsachen, die eigentlichen Processe wurden auf der s. g. Schöffen= referier verhandelt, woselbst die mit dem Referat be= trauten Syndici[80]) und die nicht bei Gericht sitzenden Schöffen anwesend waren. Daneben bestanden für einzelne Sachen besondere Gerichte, z. B. das Con= sistorium für delicta carnis, das Bürgermeiteramt für Wechsel= und Bagatellsachen, das Landamt für die Rechts= sachen aus den Dorfschaften u. s. w. Die Criminal-Jurisdiction übte der Rath selbst aus.[81])

Schon während der letzten Jahrzehnte der vorigen Periode zeigt sich ein allmähliges Eindringen des rö= mischen Rechts, indem die in Italien und auf den neuen Hochschulen gebildeten Juristen das, was sie daselbst gelernt, auch im Leben anzuwenden suchten. Eine förm= liche Anerkennung des römischen Rechts, als des ge= meinen kaiserlichen Rechts, wurde aber erst in der Ord= nung des Reichskammer=Gerichts von 1495 ausge= sprochen. Die Eröffnung dieses neuen obersten Reichs= Gerichts fand hier im Hause zum Braunfels am 30. September 1495 statt, der römische König Maximilian verpflichtete in eigener Person den Kammerrichter Grafen Eytel Friedrich von Hohenzollern, sowie die Assessoren

---

[80]) Die Syndiker waren zugleich die Consulenten des Raths, der schon frühe sich der Dienste eines Stadt=Advocaten, früher auch Stadtschreiber genannt, bediente. Vergl. das Verzeichniß im Archiv N. F. IV. 227.

[81]) Moritz I. 282. II. 6. Rössing, Darstellung der heutigen Gerichtsverfassung Frankfurts. Fr. 1806.

und Notare. [82]) Bereits vorher hatte der Rath daran
gedacht, den neuen Anschauungen gerecht zu werden
und ein neues Gesetzbuch anfertigen zu lassen. Der
Nürnberger Rath, der vorangegangen war und eine
Reformation seines Rechtes 1484 hatte im Drucke er=
scheinen lassen, theilte diese dem hiesigen Rathe mit und
ohne Zweifel beschleunigte die Einsetzung des Kammer=
gerichts dessen Entschluß. Im Jahr 1498 ließ er den
Schöffen sagen, nachdem mancherlei Gebrechen am Rech=
ten lange Zeit geschwebt und wider das Recht ge=
braucht werde, sollten sie mit Rath der Gelehrten eine
Reformation und Ordnung denen Rechten gemäß für
Hand nehmen. [83]) Die dazu ernannte Commission,
an deren Spitze Doctor Adam Schönwetter, der Stadt
Frankfurt Advocat, stand, begann 1500 ihre Arbeiten
und 1509 erschien das neue Werk, gedruckt bei Johann
Schöffer in Mainz, unter dem Titel: Reformacion der
Stadt Frankenfort am Meine des heiligen Romischen
Richs Cammer anno 1509. Dieselbe hat nicht den
Umfang wie die Reformationen von Nürnberg oder
Worms, sondern umfaßt nur 51 nummerirte Blätter. [84])
Im Eingang hebt der Rath hervor, daß am Gericht

[82]) Die gleichzeitige Aufzeichnung des hiesigen Geschlechters
Job Rohrbach über diese Feierlichkeit in dessen von Dr. Steitz
herausgegebenem Tagebuche s. im Archiv, N. F. III. 66, 132.

[83]) Lersner Chronic I. 259. II. 148. Senckenberg Sel.
576. Thomas Oberhof I. 97.

[84]) Exemplare dieser Reformation sind nicht gerade häufig,
sie ist aber auch in Orth, Zusätzen zu den Anmerkungen S.
350 abgedruckt.

4

und sonst in der Stadt viele Gewohnheiten und Uebungen stattgehabt, die den gemeinen Rechten nicht gemäß seien, und jetzt zum Theil für untauglich angesehen würden, wie wohl sie lange Zeit in gemeiner Uebung gewesen und Niemand wider sie gestrebt, und so solle in Zu= kunft zur Vermeidung der aus diesem Zwiespalt ent= stehenden Irrungen nach dem Inhalte des neuen Ge= setzes gehandelt werden. Dasselbe enthält nun eine nach dem römisch=canonischen Brauche formulirte Proceßord= nung und in dieselbe sind, ehe sie vom Urtheil, de sententiis dandis spricht, die Neuerungen am materiellen Rechte eingeschaltet; namentlich die Bestimmungen über Testamente, Intestaterbfolge, eheliches Güterrecht, In= säße liegender und fahrender Güter, Bürgschaften und Vormundschaften. In diesen Bestimmungen ist überall das römische Recht, was überhaupt als maßgebend be= trachtet wird, befolgt, jedoch das alte eheliche Güter= und Erbrecht soweit beibehalten, als es nach Aufhebung der Vermögens=Einheit und Verfangenschaft thunlich erschien.[85]) Die Reformation war indessen nicht voll= ständig genug, und es erließ der Rath nicht nur noch manche Einzelverordnungen, sondern er ertheilte auch im Jahr 1571 dem Doctor Johannes Fichard, der Stadt Advocaten, der im Jahre 1570 auf Begehren der Grafen von Solms für deren Lande eine Gerichts=

---

[85]) Vergl. meinen Aufsatz über die Fortbildung und Ge= staltung des fränkischen ehel. Güterrechts seit dem Eindringen des röm. Rechts, in der Zeitschrift für deutsches Recht, Band 10 (1846) S. 57 und meine Mittheil. im Archiv, N. F. IV. 247.

unb Landsordnung verfaßt hatte, den Auftrag, die alte Reformation aufs neue in gute Ordnung zu bringen, alle mangelnden Stücke, auch was noch aus dem Statutenbuche bräuchlich, zuzusetzen und also eine erneuerte Reformation zu fertigen. Diese wurde am 7. Sept. 1578 publicirt und noch in demselben Jahre in Folio gedruckt. Auch sie wurde wieder durch vielerlei Verordnungen ergänzt und im Jahre 1611 nochmals übersehen, durch die Zusätze vervollständigt und am 10. Sept. publicirt.[86]) In dieser Gestalt ist sie bis jetzt in Gültigkeit geblieben, doch sind seitdem noch viele kleineren und größeren Verordnungen hinzugekommen, unter denen namentlich die Ordnung in Wechsel= und Kaufmannsgeschäften, zuletzt 1739 revidirt, die Consistorial=Ordnung von 1728, bestätigt 1732, die Notariats=Ordnung von 1669, erneuert 1750, die Beisaßen=Ordnung von 1735, die Provocations=Ordnung von 1788 hervorzuheben sind. Sie sind zum größten Theil in der von J. C. Beyerbach herausgegebenen Sammlung der Verordnungen der Reichsstadt Frankfurt (11 Theile 1798—1818) enthalten und das am Schlusse gegebene chronologische Register füllt 57 Seiten. Commentirt wurde die Reformation von Orth in seinen Anmerkungen über dieselbe, welche von 1731—1757 in fünf Quartbänden mit einem Bande Zusätze 1775 erschienen und auch in rechtsgeschichtlicher Hinsicht ein überaus werthvolles Material darbieten.

---

[86]) Vergl. Senckenberg Sel. I. 528. Thomas Oberhof S. 108.

III. Periode. Von 1806 an.

So war Frankfurt zur fürstlich primatischen Land=
stadt geworden, der Fürst Primas resibirte in Regens=
burg, doch war in Frankfurt der Sitz des rheinischen
Bundestags. Die städtische Verfassung blieb vorerst
bestehen. Im Jahr 1810 wurde aber der geistliche
Staat des Fürsten Primas in das weltliche Großherzog=
thum Frankfurt verwandelt und dessen Regierung nach
dem Muster des französischen Kaiserreichs eingerichtet,
auch der Code Napoléon eingeführt, und die Ver=
waltung der Stadt umgeformt. Das Gerichtswesen
war schon vorher sehr vereinfacht worden: außer den
für geringere Sachen bestimmten Behörden (des Land=
amtmanns, Vogts, Bürgermeisters) wurde ein Stadt=
und Land=Gericht als erste Instanz, das Schöffen=
Appellations=Gericht als zweite Instanz, zugleich als
Criminal=Gericht, und ein Ober=Appellations=Gericht für
das ganze Land bestellt. Jetzt wurden durch die Ver=
ordnung über die Gerichts=Verfassung des Großherzog=
thums vom 5. Oct. 1812 neue Normen gegeben.[87]

---

[87] Rössing, Darstellung der durch die Organisation des
Fürsten Primas begründeten Gerichts=Verfassung der Stadt Fr.
1810. Großherzgl. Reg.=Blatt II. 97. 169. Benber, über die
hies. Gesetzgebung von 1806—1816, in der Zeitschrift für Gesetz=
gebung, Darmst. 1834, I. 435.

Was von den vielen Verordnungen dieser Zeit noch später
Geltung behielt, s. in Benber, Sammlung Frankf. Verordnungen
aus den Jahren 1806—1816. Fr. 1833.

Lange dauerte aber diese großherzogliche Herrlich=
keit nicht. Im November 1813 nahmen die verbündeten
Mächte das Großherzogthum in Besitz und bestellten
ein General=Gouvernement, welches die Stadt vorläufig
in ihre alte Municipal=Verfassung wieder zurückführte
und das französische Recht sammt Gerichts=Verfassung
und Proceßordnung wieder aufhob.

Durch die deutsche Bundes=Acte vom 8. Juni 1815
wurde Frankfurt als frei und als Mitglied des deutschen
Bundes anerkannt. Am 20. Juni zeigte der Rath dies
und die Beendigung des Gen.=Gouvernements an.[88])

Nach langen Verhandlungen wurde durch die Con=
stitutions=Ergänzungs=Acte, beschworen 18. Oct. 1816,
die alte Stadtverfassung mit den durch die Wiener
Congreß=Acte nöthig gewordenen und vom Zeitgeiste
gebotenen Veränderungen wiederhergestellt. Die Hoheits=
rechte der Stadt stehen danach der christlichen Bürger=
schaft zu, welche sie durch die gesetzgebende Versamm=
lung, den Senat als obrigkeitliches Collegium und den
ständischen Bürgerausschuß (sammt den Neunern oder dem
Stadt=Rechnungs=Revisions=Colleg) ausübt. Die Justiz=
Verwaltung wird — abgesehen von dem Stadt= und
Landamt für die geringeren Sachen — von den Mit=
gliedern des Senats in einem Stadt=Gericht und einem
Appellations=Gericht besorgt. Im Jahr 1820 wurde
das gemeinsame Ober=Appellations=Gericht der vier
freien Städe Deutschlands niedergesetzt. Erst das Jahr

---

[88]) Kriegl, Geschichte S. 537.

1848 brachte einen Impuls zu Verfassungs=Aenderungen. Aber die Gesetze vom 19. Oct. 1848 über die Ein= berufung einer constituirenden Versammlung und vom 20. Febr. 1849 über die staatsbürgerliche Gleichstellung aller Staats=Angehörigen wurden am 5. Oct. 1852 wieder außer Kraft gesetzt. Dagegen wurde durch das organische Gesetz vom 12. Septbr. 1853 eine Er= weiterung der staatsbürgerlichen Rechte der Landbe= wohner und Israeliten herbeigeführt und durch ein solches vom 16. Septbr. 1856 eine wichtige Aenderung der Verfassung getroffen. Der Senat wurde auf 21 Mit= glieder, ohne Eintheilung in Bänke, vermindert, die Besetzung der Gerichte durch Mitglieder des Senats aufgehoben, eine andere Zusammensetzung der gesetz= gebenden Versammlung angeordnet.

Am 15. Juli 1866 verließ die deutsche Bundes= Versammlung die Stadt Frankfurt, in welcher sie seit Entstehen des Bundes ihren Sitz hatte, am folgenden Tage nahm Preußen die Stadt in Besitz, hob die bis= herige Verfassung auf, obwohl die Behörden bald darauf als bloße Communalbehörden provisorisch reconstituirt wurden, und das k. Patent vom 3. Oct. 1866 erklärte die Einverleibung der Stadt Frankfurt in das König= reich Preußen.

Die freie Stadt Frankfurt war auf dem Gebiete der Gesetzgebung nicht müßig geblieben. Bereits am 30. Dezbr. 1819 wurde eine provisorische Verordnung über das bei den Civilgerichten einzuhaltende Verfahren erlassen, wodurch in zweckmäßiger Weise eine Verein=

fachung desselben erreicht wurde. Nachdem sodann mit
Gesetz vom 23. Mai 1848 die Aufstellung von Beweis-
Artikeln und Fragstücken bei Zeugen-Vernehmungen abgeschafft, mit Gesetz vom 8. Juni 1848 für die Ab-
leistung der Eide eine einfache Formel ohne Rücksicht
auf das Glaubensbekenntniß angeordnet, mit Gesetz
vom 31. October 1848 die persönliche Haft wegen
Verbindlichkeiten des bürgerlichen Rechts eingeschränkt
worden, wurde mit Gesetz vom 7. Novbr. 1848 eine
neue, auf das Princip der Oeffentlichkeit und Münd-
lichkeit basirte Proceßordnung eingeführt. Daneben
wurde unter Anderem 1837 ein Gesetz über die Rang-
ordnung der Gläubiger im Concurs unter Aufhebung
der General-Hypotheken erlassen, 1844 die alte Wechsel-
ordnung zeitgemäß modificirt, 1850 die Gleichstellung
der Ehefrauen im Güterrechte und die bürgerliche Ehe
eingeführt, 1852 die Ablösung sämmtlicher Grundgefälle
angeordnet, 1864 ein Gesetz über den freien Gewerbe-
Betrieb erlassen und die Mehrzahl der gewerblichen
Real-Gerechtigkeiten aufgehoben, kurz nach allen Seiten
hin den Ansprüchen der Neuzeit Rechnung getragen.
Endlich wurde 1856 das großherzoglich hessische Straf-
gesetzbuch mit den geeigneten Aenderungen eingeführt
und damit ein Gesetz über das Verfahren in Strafsachen verbunden.[89]

In Folge des Verlustes ihrer Selbstständigkeit er-
litt die Verfassung der Stadt wie bekannt die ent-

---

[89] Vergl. die Gesetz- und Statutensammlung der fr. St. Fr.
16 Bände von 1817—1866.

sprechende Aenderung und ihre Gerichte wurden nun
königliche, an die Stelle des Ober=Appellations=Gerichts
zu Lübeck trat das k. Obertribunal in Berlin.

Das Privatrecht und das Proceß=Verfahren sind
im Wesentlichen ungeändert geblieben. Die Stadt=
reformation bildet sonach noch immer die Grundlage
unseres Rechtes, modificirt durch die früheren und die
in den letzten Jahren erlassenen Gesetze. Der Com=
mentar Souchay's und die Werke Benders geben —
unter diesem Vorbehalt — eine Darstellung des jetzigen
Rechts.

Hec ad presens sufficiant — sage ich nun auch
mit den Worten des Raths von 1297. Aufgefordert
von der juristischen Gesellschaft, für diese Festschrift eine
Rechtsgeschichte der Stadt zu schreiben, habe ich nur
zögernd die Arbeit übernommen, weil die Kürze der
Zeit und die Masse des Stoffs ein Hemmniß waren.
Wenn ich trotzdem unter mancherlei geschäftlichen
Störungen im Laufe einer Woche diese Skizze fertigte,
so muß ich bei deren Beurtheilung auf diese Entstehungs=
weise billige Rücksicht zu nehmen bitten.